Poèmes de **Pierre Coran**
illustrés par **Bernadette Després**

poésimages

bayard jeunesse

LES YEUX QUI PLEURENT

MAMAN EST AU PRÉ

Maman est au pré.
La lessive vole.
Chaque tablier
Est une corolle.

Un drap claque au vent.
Mon mouchoir cerise
Joue au cerf-volant
Entre deux chemises.

Mon chien fait des bonds
Et ses pattes cueillent
Des fleurs de savon
Que mes doigts effeuillent.

Maman est au pré.
Quand je suis près d'elle,
Mon cœur est léger
Comme une dentelle.

LA PLUIE

La pluie joue aux billes
Sur mon parapluie.

Le vent qui s'ennuie
Joue avec la pluie.

La pluie pique et prend
Les billes du vent.

Le vent, quand il perd,
Se met en colère.

Il plie, déshabille,
Tord mon parapluie.

Depuis, si je sors
Et qu'il pleut dehors,

La pluie clique et claque
Sur mon anorak.

LE CHIEN PAPILLON

Sous le pont de pierre, près du vieux moulin,
J'ai trouvé, hier, un tout petit chien.

Il était inquiet, le petit chien noir,
Et ses yeux pleuraient comme un arrosoir.

Je l'ai ramené vite à la maison.
Il a bu du lait, mangé du jambon.

Il a pris un bain dans un grand chaudron
Mais il n'aime point l'eau et le savon.

Cet après-midi,
Papillon, mon chien, a été puni.

Maman l'a surpris à faire le singe
Dans les draps fleuris de la manne à linge.

JE SUIS DANS MON LIT

Je suis dans mon lit
Et il pleut dehors.
– Et alors ?

Au-dessus du lit,
La pluie fait ressort.
– Et alors ?

Le vent a grandi.
Les rideaux s'agitent.
– Et ensuite ?

Un éclair jaillit.
Une ombre apparaît.
– Et après ?

Je ferme les yeux
Et j'oublie mon corps.
– Et alors ?

Je ferme les yeux
Et alors je dors...

LA POUPÉE

Dans son grand berceau de dentelle,
La poupée a la varicelle.

Elle a des boutons partout:
Sur les joues, le nez, le cou.

Un chien a pris sa figure
Pour un pot de confiture

Et lui a tant léché
Les joues, le cou, le nez

Que la poupée, aujourd'hui,
Paraît tout à fait guérie.

Mais depuis le chien tousse et crache.
Il n'a pas digéré la gouache.

L'ÉLÉPHANT

Pour une puce, un éléphant,
C'est bien souvent un autobus.

Mais c'est aussi, avec sa trompe,
Une autopompe.

Un éléphant, pour une puce,
C'est bien souvent un autobus,

Avec sa trompe,
Une autopompe

Ou, à la rigueur
Un aspirateur.

LES TROIS CHINOIS

Trois Chinois sur un piano
Jouaient du jazz et du mambo.

Le premier Chinois
Était gros comme un cachalot.

Le deuxième Chinois
Depuis la guerre était manchot.

Le troisième Chinois,
Qui n'était ni gros ni manchot,
Nuit et jour, buvait beaucoup trop.

Voilà pourquoi les trois Chinois
Sur le piano jouaient si faux.

L'ŒUF

Faut-il être magicien
Pour savoir ce que contient
Un oeuf frais qui a été
Fécondé, choyé, couvé ?

Il suffit de l'agiter
Et l'oeuf se met à crier.

S'il coasse, s'il coasse,
C'est sans doute une grenouille.

S'il croasse, s'il croasse,
C'est sans nul doute un corbeau.

S'il reste bouche cousue,
Plus de doute, plus de doute,

S'il reste bouche cousue,
Alors, c'est une tortue.

CHEVAL BLANC

Crinière au vent,
Un cheval blanc,
Joyeux et fier,
Trottait, trottait, la queue en l'air.

Il trottinait, depuis l'aurore,
Croyant trouver un soleil d'or
À croupetons sur l'horizon.

Quand vint le soir,
Le cheval blanc,
Joyeux et fier,
Perdit espoir devant la mer.

LE PETIT POISSON DORÉ

Il a tant et tant pleuré,
Le petit poisson doré,
Que le vase a débordé.

Et l'eau a coulé, coulé,
Emportant le prisonnier
Vers le ruisseau du verger.

Aujourd'hui dans la rivière,
Il promène, heureux et fier,
Ses écailles de lumière.

LA POULE AU CHAPEAU

Dans un bout de tulle,
Une poule d'eau tailla un chapeau.

– Mon Dieu, qu'il est beau !
Dit, en rougissant, un papillon blanc.

– Quel vilain bicorne !
Dit un escargot, lui tirant les cornes.

Ne sachant qui croire,
La poule crédule jeta son chapeau.

Et le même soir
Une libellule en fit un radeau,

Un radeau géant sans mât et sans voile
Pour pêcher l'étoile.

AU CIRQUE

Trois petits poneys,
Au son d'un grelot,
Trottinent, trottinent
Comme des robots.

Et le sable vole
Sous le chapiteau.
Les bravos s'envolent
Comme des oiseaux.

Six petits yeux tristes,
Au son d'un grelot,
Ont quitté la piste,
Un clown sur le dos.

DANS LE PRÉ DE LA HUTTE

Dans le pré de la hutte,
Un berger perdit sa flûte.

Une pie la trouva
Et, dans son nid, l'emporta.

Le berger, sans sa flûte,
Quitta le pré de la hutte.

Il reprit son bâton,
Son vieux chien et ses moutons,

Que depuis il amuse
Avec une cornemuse.

L'ÂNE DE NORVÈGE

Un âne avait si mal au dos
Qu'il mit des skis à ses sabots.

Et son traîneau devint léger
Comme une feuille d'oranger.

C'était un âne de Norvège
Trop vieux pour trotter dans la neige.

Quand le pays chassa l'hiver,
Fondit en larmes et devint vert,

L'âne libéra ses sabots
Et s'en alla au petit trot

Apprendre aux ânons des vallées
Comment un âne peut skier.

LE CHAMEAU

Un chameau entra dans un sauna.

Il eut chaud,

Très chaud,

Trop chaud.

Il sua,

Sua,

Sua.

Une bosse s'usa,

S'usa,

S'usa.

L'autre bosse ne s'usa pas.

Le chameau, dans le désert,
Se retrouva dromadaire.

COMPTINE DE LA POULE

Moi, je compte jusqu'à neuf
Avant de pondre mon oeuf.

Si je compte jusqu'à six
Mon oeuf est en pain d'épice.

Si je compte jusqu'à trois
Mon oeuf est en chocolat.

L'ESCARGOT

Un escargot tournait en rond
Sur un savon.

Plus l'escargot tournait,
Plus le savon s'usait.

Plus le savon s'usait,
Plus il devenait bulles.

L'escargot, dans les bulles,
Se sentit ridicule.

Alors, à reculons,
Il quitta le savon

Et partit, tel un Tzigane,
Promener sa caravane.

COMPLIMENT À MAMAN ET PAPA

En ce nouveau printemps,
Je fêterai Maman.

En ce nouveau printemps,
Je fêterai Papa.

Je fêterai Maman,
Je fêterai Papa.

Mais pas en même temps
Et pas le même jour.

Et pourtant

Le coeur qui chante en moi
Bat pour un même amour.

RÊVE D'EAU DOUCE

L'évier a la tremblote,
Des têtards s'y ballottent.

Je leur fais la parlote,
Les gave de biscottes.

La nuit, je les dorlote,
Les compte, les numérote.

L'été, dans l'eau qui grouille,
Naîtront cent huit grenouilles.

Si personne n'enlève
Le bouchon de mon rêve.

LE GRAND DÉPART

J'ai lavé mon tapis volant
Avec de la poudre magique.

J'ai mis autour des vers luisants,
À l'avant, ma torche électrique.

J'ai lavé mon tapis volant
Avec de la poudre magique.

Ma soeur a placé, à l'arrière,
Son chat, son chien et mon hamster.

Et nous volons dans le silence
En chantant " Vive les vacances ! "

table des matières

Pour Else,
- P.C.

Pour Pierre Coran qui m' a fait confiance
pour illustrer à ma façon ses poèmes si bien ciselés !
- B. D.

De la même illustratrice chez Bayard Jeunesse :

La maternelle en balade

Les mots de Zaza

La série Tom-Tom et Nana

 ISBN 13 : 978-2-7470-2921-6
Textes de Pierre Coran. Illustrations de Bernadette Després. Mise en couleurs de Virginie Péchard
Dépôt légal : septembre 2009. Imprimé en Italie
Loi 49-956 du 16 juillet 1949 sur les publications destinées à la jeunesse